La buena asociación

por Joan Doyle
ilustrado por Marsha Winborn

Scott Foresman
is an imprint of

Glenview, Illinois • Boston, Massachusetts • Chandler, Arizona
Upper Saddle River, New Jersey

Every effort has been made to secure permission and provide appropriate credit for photographic material. The publisher deeply regrets any omission and pledges to correct errors called to its attention in subsequent editions.

Unless otherwise acknowledged, all photographs are the property of Pearson.

Photo locations denoted as follows: Top (T), Center (C), Bottom (B), Left (L), Right (R), Background (Bkgd)

Illustrations by Marsha Winborn

Photograph 16 Corbis

ISBN 13: 978-0-328-53409-8
ISBN 10:   0-328-53409-9

2 3 4 5 6 7 8 9 10 V0N4 13 12 11 10

Personajes

3

Escena I: Bajo el Gran Roble

Narrador: Es otoño. Ya los días se hacen más cortos y los animales saben que los fríos vientos de invierno pronto soplarán. Grisel, la ardilla gris, y Rayuela, la ardillita rayada, se han pasado el verano jugando juntas. Ahora se acerca el invierno y Grisel y Rayuela, cada una por su lado, están trabajando duro en busca de comida. No se han visto desde el verano, pero un día se encuentran bajo el Gran Roble.

(Grisel corre en el escenario hacia Rayuela, que está buscando algo).

Grisel: ¿Eres tú, Rayuela?

Rayuela: Sí. ¿Y tú eres Grisel?

Grisel: Sí, soy yo. ¿Qué haces en mi lado del bosque?

Rayuela: He estado buscando nueces y semillas para almacenar para el invierno, pero no he encontrado muchas. Pensé que en este lado del bosque podía recolectar las bellotas que caen del Gran Roble.

Grisel: De este lado del bosque tampoco hay muchas nueces o semillas. Los tejones y los mapaches se llevan la mayoría de las bellotas del Gran Roble.

Rayuela: Bueno, pues voy a buscar debajo de otros robles por aquí cerca. Deben quedar todavía algunas bellotas.

(Rayuela empieza a buscar debajo de un árbol).

Grisel: ¡No, Rayuela! Tienes que regresar al otro lado del bosque. ¡Este lado es para mí! No quiero que te lleves todas mis nueces y semillas.

Rayuela: ¿Y quién te dijo que este lado del bosque era tuyo? Nosotras jugamos juntas aquí todo el verano. ¡Yo creía que éramos amigas!

Grisel: Pues el verano ya se terminó. No podemos seguir siendo amigas. La supervivencia es lo importante. Ahora cada una tiene que encontrar comida para sobrevivir. ¡Vete a tu lado, Rayuela!

(Rayuela se da la vuelta para irse).

Escena II: El cruce de caminos

Narrador: Entonces Rayuela se fue muy triste. Caminó por mucho tiempo hasta que llegó al cruce de caminos entre los dos bosques. Rayuela se acababa de sentar a descansar cuando escuchó una voz. Era Mini, la rata de campo.

Mini: ¡Hola, Rayuela! ¿Te pasa algo? *(Rayuela se voltea a ver a Mini).*

Rayuela: Estoy muy triste, Mini.

Mini: ¿Por qué estás triste?

Rayuela: Grisel me dijo que ya no podemos ser amigas. El invierno se acerca y yo no tengo suficiente comida. Vine a este lado del bosque a buscar más comida. Pero Grisel no quiere que busque nueces y semillas en su lado del bosque.

Mini: ¿*Su* lado del bosque? ¿Grisel dijo que este lado del bosque era suyo? ¡Este lado no es de Grisel! El bosque nos pertenece a todos.

Rayuela: ¿Y las nueces? ¿Y las moras? ¿De quién son?

Mini: Toda la comida que hay en el bosque nos pertenece a todos. Yo vivo en el otro lado del bosque, pero vine aquí a buscar comida para mi familia.

Rayuela: Bueno . . . , puede que tengas razón, pero no creo que Grisel lo vea de esa manera. Si busco semillas aquí, ella se va a enojar conmigo.

Mini: ¡Creo que tengo una buena idea! Vamos a hablar con Grisel.

(Mini y Rayuela se van juntas).

Narrador: Mini y Rayuela caminaron juntas buscando a Grisel. Por el camino recogieron algunas semillas. Por fin vieron a Grisel, subida a un árbol.

(Mini y Rayuela miran hacia arriba).

Mini: Oye, Grisel. ¿Quieres bajar a hablar con nosotras?

Grisel: Estoy muy ocupada. He estado trabajando yo sola para recolectar comida para mi familia para el invierno.

Mini: Nosotras también hemos estado trabajando. Pero creo que tenemos que trabajar juntas si todas queremos tener suficiente comida para el invierno.

Escena III: El bosque

(Grisel baja del árbol).

Grisel: ¿Trabajar juntas? No había pensado en eso. ¿Cómo podemos trabajar juntas para obtener lo que cada una necesita?

Rayuela: Podemos formar una asociación.

Mini: ¿Qué es una asociación?

Rayuela: Quiere decir que trabajamos juntas, en equipo. Así podemos obtener más de lo que cada una por su cuenta puede conseguir. Luego repartiremos todo por partes iguales.

Grisel: ¡Ya entiendo! Juntamos una pila enorme de nueces, semillas, piñitas de pino y ricas moras. Luego cada una de nosotras se lleva a su casa la misma cantidad. ¡Trabajaremos más rápido si lo hacemos juntas!

Mini: Qué buena solución. Va a ser muy divertido.

(Las tres amigas corren en diferentes direcciones en busca de comida).

Narrador: Las tres amigas trabajaron día y noche. Trataron de acumular tanto como podían, pero pronto notaron que Pánfilo, el tejón, se estaba comiendo la comida que ellas habían encontrado.

(Pánfilo camina hacia el montón de comida).

Grisel: ¡Oye, Pánfilo! ¿Qué haces? ¡Esa comida es nuestra!

Pánfilo: ¡Perdón! Tenía hambre y vi una pila de mis delicias favoritas aquí solas. ¿Cómo hicieron para conseguir tantas semillas? ¡Miren cuántas nueces! Yo no puedo encontrar nada de comer.

Rayuela: Grisel, Mini y yo decidimos trabajar en equipo. Formamos una asociación.

Narrador: Pánfilo estaba triste porque no podía encontrar comida. Grisel y Rayuela no querían que él se llevara la comida de ellas. No sabían qué solución tenía ese problema.

(Mini ve a Pánfilo y corre hacia el grupo).

Mini: Hola, Pánfilo. ¿Qué sucede?

Grisel: No le podemos dar a Pánfilo parte de nuestra comida porque entonces no vamos a tener suficiente para nosotras, pero él también tiene hambre. ¿Qué hacemos?

Mini: ¡Esperen! Una verdadera asociación funciona mejor cuando hay más miembros para ayudar.

Grisel: ¿Verdad? ¿Crees que debemos invitar a Pánfilo a nuestro grupo?

Mini: Claro. Pánfilo también necesita comida para el invierno, y así no tendría que tomar la nuestra.

Narrador: Los cuatro animalitos se sentaron y pensaron en lo que Mini había dicho.

(Pánfilo brinca en el aire, muy entusiasmado).

Pánfilo: ¡Ya entiendo! Si ustedes me aceptan en su asociación, yo también puedo ayudar. Yo soy más grande y puedo cargar cosas que ustedes no pueden. Puedo llevar palos y piedras. Les servirán para calentar sus hogares y para reforzarlos.

Todos: ¡Es cierto!

Rayuela: Pánfilo, eres muy inteligente. ¡Qué buen plan!

(Los animales corren en diferentes direcciones).